조 선 시

조선문학시인선 251

조선시

조선시문학회 엔솔로지 · 第13집

조선문학사

■ 책머리에

연간 엔솔로지『조선시』는 조선시문학회가 매년 가을이면 거두는 시의 결실이자 수확이다.

시의 공동 경작을 다짐하면서 출발한지가 어언 13년이 되고『조선시』도 제13집이 됐다.

그간 부침하는 동인들이 적지 않았지만 한호도 걸름없이 꾸준히 땀의 경작에 참여해 온 15분의 땀의 결정들을 모았다.

그리고『조선문학』이 텃밭이 되어 일군『풍시조』도 함께 경작했다. 새로운 장르에의 참여이자 새로운 도전이며 새로운 출발이다.

앞으로 많은 분들의 동참을 환영하며 동도의 길에 초대한다.

2008년 仲秋

조선시문학회 동인 일동

조선시 제13집

차례

제1부 ‖ 풍시조

초대시 / 박진환

박경서

박필경

박홍미

한순자

■ 초대시

얼마나 급했으면 외

역시 불은 끄고 보는 것이 상책, 弗을 弗로 끈 미국이 그래
소화방법 놓고 이러쿵 저러쿵 월가에선 말썽도 많던데
얼마나 급했으면 체면불구 사회주의 비법 빌어다 썼을꼬

그게 민심이여

추석연휴 틈타 민심잡기에 나선 여야 대표들 거리로 나와
여당대표 지나가는 어린이 껴안으려 하자 피해 도망가고
허리굽혀 건넨 야당대표 전단도 외면하던데 그게 민심이여

오! 樂園 嗚呼! 失樂園

임기내에 집없는 백성없게 하겠다는 나랏님 말씀 오! 樂園
반드시 그런 세상 만들겠다니 오! 오! 파라다이스
그리 안되면 嗚呼! 失樂園

탱크·미사일만 믿으니

중국 대지진에 미국 허리케인, 거참 힘있는 나라만 골라잡았네
필시, 힘 위에 힘보다 더 큰 힘 있다는걸 일깨워주고 싶어서겠지
그걸 읽어야 패권주의 극복할텐데, 탱크·미사일만 믿으니

별은 별인가봐

김정일 국방위원장 발병놓고 별별 추측진단 난무
별별 정책진단과 함께 별별 후계구도도 난무
별은 별일가봐, 별별 시나리오 주연 김위원장이 맡은걸 보면

똥고집만 가득 찼나봐 외

옥수수 5만톤 보내겠다는 통고에 북한은 한달 지나서야 거절
무얼 믿고 그런가 했더니 미국 것은 이미 하역작업이 끝났다나
텅빈 애들 뱃속과는 달리 상류층 뱃속은 똥고집만 가득 찼나보네

인간만이 속수무책이라니

미얀마의 싸이크론, 중국의 대지진, 미국 토네이도 등
세계 도처에 난무하는 대재앙은 엘리뇨가 부른 재해
두꺼비도 미리 피한 재앙을 만물의 영장인 인간만이 속수무책이라니

인격 아닌 역할을 존중해야

남편과 아내가 존경스러워 사는 사람 얼마나 될까
결혼의 목적이 존경과 행복이면 50%는 이미 파경일걸
인격 아닌 역할 존중할 때 가정이 원만해지거든

촛불만 태울거니

유가 배럴당 150달러 고공행진관 달리 주가폭락
악재와 악재 겹쳐 사면초가로 초가삼간 못면할판
세계공황 아우성 소리에도 눈, 귀 막고 촛불만 태울꺼니

어서 돌아와

늦은감 있으나 이제 다양한 민심 깨달았노라고
반드시 민심과 함께 가겠노라고 고개숙인 대통령
이젠 촛불끄고 어서 돌아오라는 가족들의 외침 안들리나

백년원봉(百年圓夢)

꿈은 이루어진다고 꾸기만 해선 헛수고
이루고자 중단됨 없이 추구하고 실현해야
중국 이번 올림픽으로 백년원몽 이뤘으니 그 끈기 높이사야

우리는 부족한 존재

난 매사에 시시비비 가리기 좋아하는 철부지였네
좌우인을 향해 송곳질로 곧장 상처를 주었지
철없이 저지른 실수 철들면서 찔린 아픔으로 되돌아오네

경제약속 외

체력이 약하면 수술을 할 수 없듯이
병든줄 뻔히 알면서도 칼못대는
이나라 경제 체증 언제쯤 뚫릴까

콘테이너

청와대를 향한 길은 콘테이너가 막고
막힌 민심 물꼬 기름삼아 튼
촛불은 이 기름으로 길밝혀 길열거니

물건너갔네

BS 만나 나눈 미소
촛불시위로 연소시켜버린
굳이 운하 안만들어도 대운하 공약 물건너 갔네

시기질투

적당히는 자극제가 되어 생기가 되지만
지나치면 치명적 영영 불구도 되지
그래도 못버리는 고질병, 시기와 질투

개성에서

상가엔 전등없어 올빼미 눈으로 특산물 살펴보고
화장실은 불이 없어 이웃 얼굴 희미한데
눈에 붙여 밝혀볼 반딧불이도 없구나

조중동

조선 · 동아 · 중앙일보 MB편에 서서 광우병 시위때 정부편
이와 맞선 조 · 중 · 동 불매운동은 국민편
이래 저래 편가르기 통일은 언제

후회해도 소용없다

서로의 생각이 맞지 않아 손해보기 싫다고 물러서는데
그래 맞붙어 얻어맞기 보다야 났지
물러서는 곳에 나아갈 길도 있거든

벼도 익으면 고개를 숙이는데

벼도 익으면 고개를 숙이는데 높은 자리 앉으면 되레 목에 힘줘
어느 장관은 힘줄 모으고 욕까지 하데
아무리 바쁘셔도 들녘나들이 한번 하시지

독도

일본의 독도 왜곡 또 시작
원래 가진 것들이 더 갖고 싶어하는 법
자기 것 남의 것도 구분못하고 드러내는 검은 야욕

여자의 수난시대

모녀 살해 악당들 일로만 알았더니 금강산 여관광객 살해사건
모진 세상살아 가자면 여자도 총을 들어야 할판
권총 한자루 미국에 주문할까

올림픽 경기를 보면서 외

하면 된다는 한국인의 정신 풀무삼아
대장간에서 달군 한국 선수들의 의지
은·동메달도 땀으로 만든 감동의 금메달인 것을

놀토

놀토 있어 아이들 좋아라 신명나지만
아빠들 울며 겨자먹기라고
불경기에 가장들 어깨 늘어뜨리고 찾아드는 괴로운 놀토

사기 전화

댁의 학생이 감금되었으니 돈을 가져오시오 협박전화에
사색된 엄마 어쩔 줄 몰라 실신직전인데
태연한 얼굴로 들어서는 학생, 어떻게 돌아가는 세상인지

밝은 달

밝은 달 속에서 과거, 현재, 미래 그리다
꼬박 세운 불면 아닌 불면의 밤
어느새 동이 터 새벽이 열어 맞는 하루

고물가 시대

물가고에 가물가물 서민들 어지럼 더해가고
나랏님은 경제경제 경제타령 늘어가고
늘어갈수록 쪼그라드는 민초들의 삶

자기본분

말복더위 제 몫 다하려는 듯 위력 과시하고
입추에도 뒷걸음만 친 가을 저만큼 물러서고
정작 물러서야 할 것과 돌아서야 할 것이 서로 바뀌었으니

피서길

가슴 설레며 떠난 피서길
목적지 도착도 전에 고속도로 주차장 삼아 묶여버린
화통같은 차안에서 연옥공부 제대로 했네

거울 닦듯이 마음 닦으며

매일 매일 거울 닦으며
거울속 때를 말갛게 닦아낸다
마음과 함께 하루도 닦아 본다

동방불패의 신화 외

선수를 믿어주는 명전술의 명감독
도깨비 방망이가 아닌 믿음의 힘으로 휘두른 금방망이가
믿음으로 만들어낸 '東邦不敗' 신화의 기적

Again 2004년

2008년, 올 추석 선물엔 갈비가 사라지고 굴비가 뜰 모양이다
굽실굽실 비굴한 놈들의 선물세례
비굴 거꾸로 풀면 굴비니 말되네

難兄難弟일세

한·중 정상회담에서 '전략적 동반자 관계'를 구체화 했다데만
눈치 살펴야 할 우리 처지이고 보니
한·미 동맹에 어느쪽도 가벼이 해서는 안되는 난형난젤세

꽃보다 짙은 향기

봄에 피는 꽃에서는 봄 향기가 아련 같네만
四季에 빛바랜 노인의 銀髮에선 소태네가 나네
인생이라고 다르랴, 피고 지는 것이 꽃만이 아닌 것을

쇠고기 재협상 딜레머

쇠고기 재협상 요구 빌미 삼아, 미국이 FTA 비준에 반대할 경우
외국과의 교역으로 먹고사는 우리처지 난처할 밖에
그러기에 처음부터 코쟁이말 다 믿어서는 안된다 했거늘

제2부 ‖ 소시집

허영돌

_ 4월에

_ 학동마을에서

_ 느티나무

_ 필터

_ 토마토에 관한 기억

_ 진공청소기

_ 한라봉

_ 돌연변이

_ 북한강변 텃밭에서

_ 담쟁이

4월에

꽃을 데리고
4월에 비가 온다

자욱한 물보라 앞세우고
꽃보라 몰려온다

내 생의 4월에
빗물 같은 사랑이 왔던가

아득한 미혹(迷惑) 앞세우고
천지에 열꽃으로 번졌던가

학동마을에서

문화재 학동돌담에
봄 햇살 하얗다
청람빛 하늘 넓은 오지랖에
작은 마을이 폭 안기어
봄날 꽃잠에 들었다

고향 옛집 반가운 인기척
숨결 같은 연기로 굴뚝에 피고
세월을 품고 늙은 마당에
어린 계절의 재롱 한창이다

꽃밥 짓던 유년의 축담*에
봄빛 아찔해
헛딛으며 지나온 세월이
빙그르 허공을 돌리는데
아마도 꽃멀미일 거야
복사꽃 저리 어지러우니

봄이 뒤켠 텃밭을 마악 쓸고 간 참인가
모란꽃봉오리 통증으로 빨갛고
담장에 바짝 붙어선 앵두나무
꽃 진 자리 녹두알만한 수다 왁자하다

산정 취나물밭을 휘돌아 왔는지
취기 잔뜩 묻은 바람이 치맛자락을
슬쩍 건드리다 어깨를 툭 치다
낯이 익은지 이내 목덜미에 팔을 두른다

반세기 가까운 옛날이 재생되고
편집되어 너른 텃밭에 펼쳐지고
상기된 중년의 눈가 잔주름 사이로
복사꽃 길 환하다

* 축담 : 지대(址臺)의 방언(경남). 대청과 마당 사이에 있는, 신발을 벗어두는 곳. 마당보다는 높고, 대청보다는 낮다.

느티나무

하루가 열리고 닫히는 마을 어귀
늙은 느티나무 한 그루 삐뚜름한 허리를
버팀목에 기대고 서 있다

세상 한가운데를 단단히 받치던 중심을
놓아버린 것은
하늘로만 향하던 발길 내려
수평으로 난 마을길을 걸어보고 싶은 걸까
아니면
뿌리도 없는 저 버팀목에 기대고 싶어서 일까

지난 여름 목욕탕에서 넘어진 어머니
예전 같지 않아, 예전 같지 않아 하시며
예전처럼 복지관에도 가고
딸네집도 다녀가신다
자식들에게 짐 되지 않겠다는 일념이
어머니의 굽은 허리를 받치는
단단한 버팀목

그러나 통증으로 잠깨는 한밤
든든한 거목처럼 기대고 싶어
자식들 대문 앞을 서성이는
느티나무, 그림자 어머니

필터

불순물 섞인 소리는 사절이라며
부릅뜨는 눈 두려워
콸콸 쏟아내고 싶은 소리 가두느라
목울대 늘 아렸다는 그녀

할 말 다 하며 사는 사람 어디 있겠어
울컥울컥 솟구치다 목에 걸린 아우성은
몸으로 번져
울긋불긋 단풍 같은 비명되어
겨울 오기 전에 낙엽 질 거라는데

정수기에서 교체돼 나와
산업쓰레기장으로 간다는
필터, 희고 미끈한 그 속에도
검붉은 비명 들었을까

수명 다한 정수 필터가
그녀의 길고 하얀 목 같아 보여

전능한 어느 손이 능숙하게 그녀를 열고
새 필터로 바꿔 줄 수 있을 것만 같아

토마토에 관한 기억

대여섯 살 무렵 이었나
찬장 선반에 있던 빨간 토마토
뭉클 깨물던 첫 느낌
달지 않으면 시기라도 해야지
닝닝하고 묘하게 비위를 거스르는 맛
마당에 던져 버렸다

초등학교 자연인가 실과 시간
과일 아닌 채소라는 선생님 말씀에
그 맛 만큼이나 갸우뚱했던 기억

토마토처럼 뭉클 닝닝하던 첫 키스
사랑인지 호기심인지 그 중간쯤에서
비위도 약간 상했었지 싶다

오래 견디는 사랑은
달콤하지도 새콤하지도 않은
닝닝하고 밍밍한 토마토 같은

과일과 채소 그 중간쯤일 거라고
그게 오래오래 건강을 지키는 비결이라고

마당에 던져 버렸던 내 첫 미각은
거듭된 수정 끝에
쉬이 질리지 않는 토마토 그 속에 숨은
풍부한 맛을 애써 탐색 중이다

진공청소기

구석구석 더듬는다

내 더듬이는 잡식성 초강력 울트라
내 탐욕의 촉수에
털 끝 하나도 닿지 마라
빛을 쏘며 잽싸게 어둠을
낚아채는 고양이처럼
너의 몸뚱이와 의식까지
빨아들일 블랙홀이니

한라봉

제주에서
한라봉이 왔다

누가 지은 이름인지
황금빛 과실에
도드람한 봉우리
영락없는 한라봉(漢拏峯)이다

거실 창으로 한라산을
조망하던 시절
늦봄까지 설봉이었고
맑은 날엔 지척까지
바짝 다가 왔었다

아이들 씻기고 입혀
놀이터로 피아노학원으로
종종거리며 하루가 짧던 그때
탱글하게 긴장하던 그 시절이

내 생의 황금빛 봉우리였다

직장으로 학교로
가족들 집을 비운 빈 둥지에서
친구가 보내준 한라산 한 조각 깨무니
입안에서 톡톡 터지는
탱탱한 젊은 날의 기억들

돌연변이

각기 다른 행성에서 온 생명체끼리 만나면 돌연변이를 일으킨다는데 저 20세기 초 유럽을 휩쓴 스페인독감도 이 돌연변이바이러스 때문일거라는데 핼리혜성이 꼬리로 남긴 우주생물체가 대기에 떠 있다가 지구로 내려오면 돌연변이가 생길 수 있다는데…

너와 나도 각기 다른 별에서 왔을까 그때 밤마다 내 가슴을 밝히던 빛들은 네가 긋고 간 꼬리였나 그날 이후 열에 들뜬 불면의 밤과 치유되지 않는 몸살기는 우리의 잘못된 만남이 만든 변종바이러스 때문일까

북한강변 텃밭에서

너른 강 자락에
5월이 시를 쓴다

햇빛과 흙의 푸른 즙 듬뿍 묻혀
붓대 끝에 바람을 올려 쓰는
짙푸른 은유의 산문시

시 이랑 따라 넌출넌출 번지는
시심은 이미 멈출 길 없는 도화선
강을 거슬러 오르며
자투리 시간을 살려내고
청벌레*들의 은근한 그늘이 된다
이제 이곳에 작은 우주가
깃을 들이리라

6월이 오면
질펀한 푸념 같은 어휘를 솎아
생생한 비유의 밥상을 차리고

우주가 전하는 메시지에
보리밥을 쓱쓱 비벼 고추장처럼
맛있게 매운 시를 쓰리라

* 청벌레 : 배추흰나비애벌레.

담쟁이

소문에 따르면
저 담 너머 강이 흐르고
오만가지 풀들 모여 사는 강둑에는
차별없는 햇빛 종일 머물며 풀들의
젖은 발을 닦아준다 했네

경찰서 담벼락을 타고 올라
기어이 넘어설 때
아뜩한 벼랑은 사랑보다
유혹적이었네
지느러미를 흔드는 강이
잡힐 듯 가까웠으니

하지만 희열은 거기까지
나아갈 수 없는 길은 담장보다
더 지독한 벽이라고
구둣발에 뭉개진 꿈의 모가지들
말하고 있었네

통째 떠내려가고 싶은 바다나
꽃 피우고 싶은 강둑 위 미련도
내가 발을 담근 곳, 나의 뿌리에서
자유로울 수는 없었다네

제3부 ‖ 경작과 결실

고운석 김남순
김수린 김애리자
노희영 이재형
조규화 조성권
최혜순 홍대기

_ 고운석

이제의 후손 사는 곳 · 1

뒤에는 용두산
앞에는 남평땅

이제의 후손 이계조
언제부터
대촌땅 정붙여 살았는가

훌륭한 선조와
집안 명성 다 잃고

선비인 듯 농군인 듯
매봉산에 마음씻고
대대로 참고 살아

선대가 남긴 미풍
눈자위에 흐르네

올라보면 석교(石橋)

눈아래 바로 있고

바라보면 저 멀리
등룡산 함정고개
'무성정'이 보이구나

일선양맥 이어나갈
그대들임을 알고나니

밤낮없이 그리운 것은
사모하는 정이라

의로운 삶을 찾아
세상 번뇌 씻어내네.

이제(李濟)의 후손 사는 곳·2

이성계 따라 나라(조선) 세운
개국 공신 이제(李濟)
해와 달이 환하게 충성했건만
이방원의 칼날에 피지 못하고
살육더미에 깔린 충절
억울함에 짐승도 울고 강산도 시름하네

넋은 영원한 것

천리길 진흙탕 건너
연꽃이라도 되는 듯
모질게 代 이은
이제의 후손 이계조(李繼祖)
전라도 땅 大村에 자리잡더니
통한을 풀기위해 박달나무를 심고
선조의 혼백을 달래며
집안 명성 다 잃고

선비인 듯 농군인 듯
등룡산(登龍山)에 마음 씻고
代代로 참고 살아
선대의 뭉게진 충절
미풍을 타고 눈자위에 흐르네

피 흘리지 않고 거둘 수 없었던
고귀한 열매들이여!
통곡이 끝나고 또 눈물이 나도
슬퍼마소 서러워마소
일선양맥 이어나갈
그대들임을 알고 나니
이제의 영혼도 大村향해 웃고 있네.

고향 농부

도장굴
푸른 봉우리
그 속에 논이 있고

포충사와 농가가
개울을 사이로

동가 서로
자리잡았네

학교 밖에 살고 있는
한가한 저 농부는

시 읊조리는
배고픈 선비를
비웃다

노적을 바라보네

노을

소곤소곤
속삭이며 흐르는
계곡물

샛강물이 되어

사랑과 미움이
넘실대는
바다로 가는 삶

소용돌이치면
어지러워

햇살에 땀 구워진
짭조름한 소금 배

얼굴만 씻으려다
자궁까지 목욕하는 모습

훔쳐보다
부끄러워

노을이 되어버린 해님
서산 너머로 숨는다

_ 김남순

대둔산 설경 · 1

깎아지른 바위기둥 삼선 철사다리
호남의 금강 진경산수화(眞景山水畵)
설산타고 넘는 칼바람에
속절없이 스러진 동학농민의 꿈
순백의 꽃밭에 피어나는 민족혼

백십사년 전 그날의 비명
생명의 불꽃 타오르는 대둔산
육산의 유순함 넘어
선비기개 골산에 이르면
팔십일 미터 금강구름다리 손짓하고

난 어느새 타임머신 타고
설경의 신선놀음에 빠져
케이블카로 즐기는
산수화 화폭 주인공으로
천년을 꿈꾸는 한 마리 학이 된다

대둔산 설경 · 2

꾸밈없어도 당당한 위엄
원효대사 놀다 간 동심바위
임진왜란 권율장군의 대승에
빼어 난 장군바위 늠름해
임금께 절하는 충절은 명물

사박사박 뽀드드득 뽀드득
고즈넉한 숲길 수직의 전율에
눈꽃사이 나르는 산새소리는
하늘 어루만지는 마천대와
하나 되어 청아한 하늘 벗이라

백발성성 임금바위
기기묘묘 뽐내는 자태
시인묵객들의 칭송 이어지고
전봉준 김개남 24명 영령들은
오늘도
대둔산 금남정맥 사이사이

생명의 강 되어
민족의 백박으로 뛰고 있다

대둔산

덕유산 태양이 떠오르면
곶감의 명소 양촌리
수묵진경산수화 채색 옷 갈아입고
대둔산 화강암은 벌겋게 발정을 한다

해돋이 해넘이 명소답게
오렌지 핑크빛으로 단장하여
신혼의 단꿈에 젖다가
군산 앞 바다 향해 요요한 자태 뽐낸다

더덕구이 비빔밥 포만에 살짝궁
유황 온천수 몸 풀어 치장하고
아치형 석문 위봉 산성 이르러
태양빛 찬란한 삶 포문(砲門) 연다

그린 웨이(Green Way)

연꽃 향해 취한 호조별 곡창지대
관곡지 연꽃 테마파크는
물 양귀비 부레옥잠 열애 중
무늬창포 덩달아 잠 못 드는데

풍천 홍황련 기백련 웃음소리
수십만 송이송이 부채춤 펼쳐지고
천하일색 양귀비도 넋 잃은
관곡지 백련의 장관(壯觀)은
신이 연출하는 21세기 오디세이아

올 여름
MB 저수지는 촛불 장관
물왕 저수지는 연꽃 장관
독도는 갈매기 사람 꽃 장관

푸른 장미*

목가적 서정 일렁이던 날
꽃바람은
사계의 소리에 눈멀었다

순간의 스침은
심연의 풍광처럼
들꽃의 반란은 시작되었다

그 날 이후
내 가슴엔

단두대의 칼날처럼
당신 눈동자의 섬광
영원을 잉태하는
씨알로 자리했다

* 일본위스키 제조업체 산토리사는 유전자 변형을 통해 세계 최초로 푸른 장미 개발, 2009년부터 시판계획. 2008년 2월 4일 외신보도.

일몰 · 1

김수린

문득 당신은 창 앞에 와 있다

뿌옇게 퍼지는 저녁의 입김이 나무들 가슴팍까지 파고들어
가지 사이로 마술 같은 검은 꽃망울 부풀고 있다

사랑을 모른 채 몸을 섞듯이
어둑한 그물망 짜는 거리

큰 거미가 웅크린 발을 뻗어 길들은 어스름해지고

축산물 상가 유리에 걸린 정육들이
검붉은 혈점을 흘려
바닥에 붉은 꽃등을 짐점이 켜는
조등 아래처럼 추워지는 저녁

맨살로 몸부림하는 마른 풀들
물 밀려 나간 뻘
힘들게 숨쉬는 퍼덕거림, 간절한 비명소리

일몰, 당신의 한 끗 눈빛이 풍경을 사라지게 하지

머무를 듯 머물지 않고 바람이 가르는 동안
어느새 우리는 일몰이다

일몰 · 2

어떤 사랑을 위해 나는
뜨거운 기찻길 침목 위를 달려가 보았을까
두근대며 기다림의 초침소리에
숨을 고른적이 있었던가

당신은 나를 기억하지
문득 새 한 마리 날아오르듯 떠오르고, 창밖
불을 켜지 않은 골목들은 갈피를 찾고 있다

대로의 차선들은 낡은 오선지
오늘도 어제처럼 꿈을 접고 스러지는 저녁
바람이 음표로 매달려 타종 소리로 울려 퍼지고 있다

홀로 떠나는 간이역의 기직소리
안개 저편으로 흘러가고

저녁의 미명과 상점에서 새는 몇줄기 불빛 사이
나는 등피처럼 그을음이 끼어
혀를 내미는 어둠의 갈피 속으로 던져진다

일몰 · 3

누가 울고 있나
창문에 서리는 겨울 입김이 내 유적을 훑으며
눈물 흘리고 있다

정적이 두꺼운 밤바다
문풍지도 없는 창틀이 떨고 있었다

바람을 찢고 있는 건
떠도는 혼으로 남아있는 것들
창 안쪽의 내 몰락이 들썩이는 것

수만리를 날아 온 고단한 여정의 철새들은
한 밤중을 둘러메려 어둠속에서 도모하고
지명을 외우느라 밤새 귀 밑에서 부스럭대지만
새들이 넘어야 할 협곡에도 바람은 무성할 터

서릿발 하얀 아침이 올 때까지 유효한건 불면이다
나는 밤마다 빙벽을 기어오르고

내려다 보는 어둠은 아득하고 깊다
하염없는 독백은 수척한 밤의 얼굴

새벽 여명에 날개 털면
창턱에 날아와 앉는 불사조
떠오르는 해를
당신과 나는 알고 있다

일몰 · 4

혹독한 그리움은 부장품 같은 것일까
아직도 유예된 채 안개속에서 끝을 보이지 않는다

기다리다 혼돈해져 오래도록 창틀에 얼굴 묻고
눈물 축이면 잎새의 싹이 트고 자라나 그늘지는데
한 백년 쯤 지났을까
깨어나 보면 낮빛을 거두는 저녁 하늘

노을 얹은 폐선 같은 창가
찬란한 만선이 되었다가 수장되는
내 낡은 목선

당신은 눈빛을 보내고
삐걱대는 내 뱃전에 시선이 머물더니
어둠 저편의 파도 한 장으로 넘어 간다
어느새 일몰인가

긴 어둠의 터널을 통과하고, 어제도

오늘도 지나는 당신, 세월
나는 당신에게서 나의 궤적을 읽지
당신이 보이지 않을 때까지 두려움도 잊지

막 내린 후 갈채 없이
고요히 안개 같은 공허 속으로 희미해지는 나는
벌써 일몰이다

일몰 · 5

바람이 춤을 추고 있다

하늘을 한껏 우러르고
펄럭이며 공중을 날아가는 새들 모두
바람의 날개짓이다

석양의 붉게 익은 논밭에 흰 두루미의 고개짓이
얼마나 퍼 올리는 주걱의 밥일까
고개 숙였다 들어올려 한 그릇 고봉으로
퍼담는 들녘

무대 위에서 조명을 받고 춤추는 한 마리 백조
객석은 숨죽인 바람이다 오케스트라 지휘봉에도
그가 올라앉아 호수의 물결을 젓는다

해안의 깔깔한 모래위에 슬고 있는 흰 물거품은
얼마나 부서져야 영원히 사라질까
오래 삭은 내 그리움

천막 높이 축을 중심으로 줄을 매단 곡예단
그네를 타고 줄을 건너뛰고
달리는 말위로 올라타는 일
바람을 타는 일이 서늘하다

바람 속에도 분노가 숨어 있다
저녁이면 휘몰아치는 바람 속에서
나는 바람처럼 배회하고 있다

_ 김애리자

또 하루

하얗게 세운 밤의 눈꺼풀은
젖은 아침의 천근 무게에 저울질을 놓쳐버렸다

부산스레 새벽이
밤새 보자기에 훔쳐낸 어둠을
가리운 창가에
아침으로 풀어 놓는다

커튼 속 숨어든 하루
별빛 쏟듯 쏟아져 내리고
주섬주섬 허리굽혀 든
하루치의 삶
품안에서 엮어본다

별똥별 하나

다 못다 살고 간 별똥별 하나
힘없이 떨어져 내린다

짧은 생 재가 되어
가버린 누이의
눈물인가 보다

태어나
이름도 없이 죽어 간
그래서 영원히 반짝이지 않는다는 별똥별
누이를 닮은 슬픈 별 하나
하늘 서편으로 넘어간다

제비 온 날

그날도
흙색의 어둠이
거나한 홍시의 얼굴을 가리울 때 쯤
흥에 취해 꼬무락 대는 우리에게
"뭐가 먹고 싶니"하시는 아버지를
겨우 눈 뜬 강아지처럼 웅크리며
올려보던 기억이
먼 아지랑이 너울 속 강물되어 흐릅니다

누런 삼베치마 짚신짝을 받아들던 조그만 주먹손
아버지의 마지막 옷 한 벌 꽃상여 앞에
갑작스러이 내 삶은 말없는 아버지 꽁무니
뒤따라 갑니다

멀리 해질 녘
몹시도 울부짖던 붉은 하늘은 고사리손마저 뿌리치며
고개를 떨구더니
영영 얼굴을 돌리고 말았습니다
그날은 꽃피는 삼월 제비 오는 날이었습니다

어머니의 바다

생명의 씨앗
온기 가득한 어머니 품속에서 알을 낳는다

푸르게만 보이는 그 곳
모든 것을 감싸 안은 채 출렁거린다

어머니의 깊게 자국난 화인(火印)까지도
새살로 메워져간다

멀리 애둘러 온 어머니의 고향
허리춤 내려놓고 편안한 것이
살내린 무덤 속같이 아늑하다

그 곳에선 단단한 암흑도
생명의 혼불이 되어 꼬물 꼬물 피어오른다

알을 깨고 껍질을 벗겨내며
우리들의 고향인

살 냄새가 베인 그 곳
어머니의 품속으로
돌아가는 것이다

초발심(初發心)

푸른 빛 도는 영롱한
각(覺)의 광채로 앉아계시는
생불의 모습

수미산 무게보다 무거운
생의 업 벗어나고파
대자비(大慈悲) 앞에 무릎꿇고
머리카락 신을 삼는
초발심의 발원

질긴 인연의 습
삼줄로 감았던 업 풀고파
새털처럼 가벼워진 마음
날개로 펼쳐
해탈의 문 피안의 언덕으로
퍼덕여 본다

_ 노희영

어느 유월의 숲속에서

졸졸 거리는 시냇물 흐름따라
찾아온 둥근 바위

새들은 잔가지를 뛰어다니며 싱그럽게 노래하고
고기들은 수풀그늘에 쉬면서
가끔씩 물결 흔들며 우아한 선을 그립니다

토끼풀과 잔디가 교대로 쉬어가는 널따란 잔디밭
오솔길 가득한 꽃향기 맡으며 걷노라면
쉬어가라 권하는 빈 벤치들

산들바람과 함께 부르는
사랑스런 아름드리나무들의 설레이는 손짓

와! 이곳은 기쁨이고 평안입니다
어떤 이들은 혼자 찾을 수 있는 호젓한 이 공간을 좋아하지만
저는 이 곳이 사람들로 가득 채워졌으면 좋겠습니다

숲속 한 가운데 세워진
활처럼 휘어진 기둥 위, 달처럼 걸린 둥근 시계탑 아래
세월의 똑딱임도 잊은 채
뛰어노는 아이들의 웃음소리를 듣고 싶습니다

이 녹음 속
아이들의 기쁜 함성이 쏟아지는 그날,
그 맑은 마음에 취해
이 숲의 석양은 더욱 아름다울 것입니다

강아지와 눈길에서

하늘이 흰꽃을 선물하고 있습니다

먼 하늘 아득히 번지는 흰꽃송이 축제 속에서
털복숭이 복돌이 탈탈거리는
걸음걸이, 발자국마다 흰꽃이 그려지고
반짝이는 화선지 위, 작고 동그란 움직임
눈꽃으로 그려지는 고운 그림
그 놀라운 그림솜씨에 빠져 걸었습니다

둥그런 가로등처럼
환희의 눈보라 바라보다가
출근길도 잊어버린 나
목마른 빈 가슴 흰꽃에 흠씬 젖은 숨결
정수리에서 발끝까지 눈사람으로 서성이는
흰꽃 밭, 복돌이가 그런 나를 바라봅니다
왜 그대로 서 있는지 의아한 눈빛으로

온누리 하늘빛 닮아가는 이 순간

텅 비워 깨끗이 씻긴 내 영혼에
어쩌면 하얀 이름만 꼭꼭 채울 수 있을까
선하고 진실한 손잡아 귀한 보물을 찾을까
오만과 질시와 더러운 것 멀리 보내고
하늘땅이 입 맞추듯 살 수 있을까
가쁜 숨 몰아 헤매는데, 내 심령 깊은 곳까지
퍼붓는 그 하얀 입김으로
고귀한 흰 빛 흘러 흰 꽃 쏟아질 것만 같아
우두커니 숨 고르다 하얀 꿈에 취한 눈사람이 행복합니다

세상 사람들 생애 행간마다
하얀 마음만 댕기어
눈사람 눈강아지 하냥 뛰노는 하얀꽃 하얀 나라
행여 꿈결이라도 스치는 그런 세상된다면…….

난 이 새벽, 눈길에 서서 달콤한 꿈을 꾸었습니다

한강수타령

골골 흘러내린 빗물아 냇물아
솔솔 부는 봄바람소리 들어 가겠나
은밀한 언어로 속삭이며 가는 물길
바람의 밀어를 풀길 없구나
모르면 모르는 대로 묻지 말고 흘러라
호젓한 길에서 만난 벗과 웃으며 침묵하라
하늘을 안고 별빛을 담고
추억을 끌고 꿈을 그리며 …….
긴 세월 지나면 남한강 북한강 만날까
섭섭한 여정 삭히고 부질없는 한 숨 거두어
강물 밑바닥 그늘진 찬물길도 잠잠하라
뜬눈으로 흐른 물방울, 기필코 양수리서 만나리니
그저 모르면 모르는 대로 멈춤 없이 흘러라
낚싯대로 아지랑이 낚아채던 강태공아
낚싯대로 아지랑이 낚아채던 강태공아
후끈 달아오른 신새벽, 두물머리 어귀 흰구름에 걸터앉아
거룻배 탈까 여객선 띄울까 오직 소망으로
더 깊은 심연의 강물을 노래하라

헤아릴 길 없는 무게로 만나는 한강물
숭엄한 바다로 치달을 더 크고 세찬 강물줄기여

꿈길에서

어느 날 밤 꿈을 꾸었네

나의 집은 산골짜기
무거운 구름이 적막한 산을 뒤덮어
온통 흐릿한 미로를 헤매다
한사코 벗어나려 애써도
내 마음의 빛도 어두워졌네

멀리서 한 소녀가
수상스키를 타고 공중을 힘차게 굴러
먹구름 가르며 검은 호수를 내달았네
그 엄청난 속도, 산산이 부서지는 물안개에
섬광 번뜩이다가 어둠은 더욱 짙어지고
숨쉬기 힘든 고통 속에서 나는 괴로워했네

나는 보았네
별빛 불빛도 하나 없이
가도 가도 적막한 바다 한가운데

휘황한 빛으로 천만리 밝히는 배 한 척
배 안은 오직 환한 빛만이 가득하여
바깥의 어둠은 아랑곳없이 행복한 모습으로
웃고 기쁜 노래 부르며 얘기꽃 피우는 숱한 사람들
마치 빛의 축제처럼

어둠속에서 떨던 나는 그들의 노래 소리가 들렸네

"외로움이란 스스로 고립된 마음의 병,
어둠속에 그대를 가두고 시간을 무용케 함은
게으름과 나태함…….
자신을 다스려 복종시키지 못함은 나약함인 것을"

여기, 지금 이 시간에

사람들은 길을 가네
그 행렬은 길고 끝없어
거센 강물줄기와 같아라
들어보게, 그 행렬 속의 외침들을

나는 강바닥 돌멩이
골골이 흘러가는 물굽이의 모습대로
둥글어진 내 모습을 보게
나를 딛고 지나간
수없이 많은 이들은 영광을 열었으나
나는 변함없이 여기 머물었으니
그것은 기쁨인가, 서글픔인가

나는 이 물속을 뛰어 노는 물고기라네
세월의 흐름에 유연하여 거칠 것 없고
나의 부드러우나 힘찬 날개짓을 보게
어떤 변화에도 주저하지 않으리라

하지만 실상, 삶은 두려운 것
세월의 흐름 속에 머물 인생은 없고
그 물줄기를 힘으로 막아낼 이 없으며
이를 관망하며 즐길 수 있는 사람 또한 없다네

우리 모두 흘러가다 갈라지는 삶의 전환점을 맞으리니
그 앞에서 오래도록 서 있을 자 없네
그 물줄기는 신속하고 강하여
머뭇거리는 자 쓰러지리니

여기, 지금 이 시간에
삶은 결정을 요구하고 또 그 결정은 우리에게
또 다른 길을 만나게 한다네

그 도전 앞에서 승리하는 자는
폭풍처럼 치솟아 바다 위 먹구름을 뚫고
푸른 하늘로 날개치며 올라가는 독수리처럼
힘차게 비상하리라

어머님이 들려주신 닐스의 모험

내 어머님이 들려주신 신기한 이야기
어릴 적, 작은 귀로 들은 이야기는 어른이 되어서
더욱 큰 소리로 내 마음을 울리나니

어느 먼 나라 거리의 시장에서
사람들이 물건을 팔고 있었습니다
"얼마건 좋으니, 꼬마야
신발이건 모자건 아무거나 팔아다오"

울부짖고 붙잡고
상인들의 애타는 외침에
빈 주머니를 뒤적이던 소년은
조금 전 길거리에 떨어져 있던 동전이 생각났죠
되돌아가는 발걸음이 백년의 시간처럼 길게 느껴짐은
상인들의 기다림 탓일까요 닐스의 초조함 탓일까요?
돌아온 그 자리에 상인들의 자취는 이미 없었습니다

백 년 만에 나타났던 그 나라의 모습은

마법을 풀 수 있었던 단 1분의 기회

"이 작은 동전 한 닢만 있었어도
단 한 사람만 물건을 사주었어도
난 지금 그들의 기쁨을 보고 있었을 텐데
환호하며 춤추며 삶의 기쁨을 노래했겠지"

닐스의 서글픔이 그대로 전해져
모든 것이 사라진 그 빈 땅의 적막함은
지금은 어른이 된 나의 마음에 아직 오래도록 남아있습니다

아이야!
여행을 떠날 때는
꼭 주머니 속에 작은 동전을 챙기렴
인생길을 걷는 동안
어디선가는 만날지도 모를
사람들의 긴긴 기다림을 위하여 준비하렴
동전 한 닢의 너의 작은 준비가 잃어버린 시간을 찾아 주리니

_ 이재형

입석 양보받기

- 전철 타는 재미

"그 자리 탐나는데 좀 도와주시겠어요?"
한참을 내 앞에 선 젊은 여인

몹시도 피곤해 보이는 거 안타까워서
자리 양보 둘러대서 제안하는데

센스 빠른 이쁜이 손사래 치며
자긴 젊었으니 서있어도 괜찮다고 호들갑 떤다

아니 젊음은 허풍 아닌 아름다움인데
어찌 그리 냉정할 수 있느냐며 강제로 그 자리 빼앗았더니
주변의 승객들 박수 치며 즐거워한다

갈수록 짙어지는 전철 타는 재미

러브 인 아시아 방송을 보며

코리안 드림 깊어가면서 날이 갈수록 늘어가는 다문화 가정
세계 유일의 단일민족 국가란 레이블 빛바램 아쉽긴 해도
세계화 추세 생각해보면 다다익선 다문화가정이라 해야 하리

행복한 그물에 걸려들다

전철 자리양보운동 열정적으로 하다가
NRC 네트워크 마케팅에서 열정적으로 사업하는
멋진 스폰서님을 만났다

배려와 열정, 내 삶의 지표와 딱 맞는 코드
스폰서와 파트너 서로 돕는 win - win 시스템
거기 하나 더 보태 직판 유통 성장을 통해
침체된 내수 끌어 올리는 일

스폰서와 파트너에 나라 경제까지
돌 하나로 세 마리의 새를 잡는 一石三鳥 시스템
사오정 오륙도에 이태백까지 설치며
일자리 빼앗아가서 썰렁한 세상

무자본 무점포 무경험 토대로
열정으로 일하는 행복한 일터
변화하는 시대를 이끌어가는 멋진 일터 엔 알 씨 n r c

수락산 이야기

금강산이나 설악산
하다못해 개성에도 있는 폭포수
水落山 오르내리며 찾아보았지만
이렇다할 떨어지는 물줄기 어디에도 없어라
무더위에 지친 등산객들 옷 입은채 물속에 잠겨 노는 걸 보면
물 즐기는 水樂山이래야 할 것 같고
유모차에서 휠체어까지 젖먹이에서 노인들까지
아무나 오르는 것 받아들이는 걸 보면
受諾山이라 고쳐보는 게 좋을 것 같아라

천마산 나들이

야생화 만나러 천마산을 오른다
산자락 길섶 풀숲 사이 개별꽃
맑은 날 하늘에 뿌려놓은
별처럼 반짝인다

몇 발짝 올라간 비탈엔
청람색 현호색이 군락을 이루고
한발 한발 옮길 때마다
앙징스런 들꽃들이 나를 반긴다

양지꽃, 꿩의바람, 개별꽃, 단풍제비
중의 무릎, 털괭이눈, 노루귀…
다양한 꽃들이 제각기
색다른 웃음을 머금고 있다

이제 곧 자취를 감출
보송보송한 솜털이 귀여운 노루귀 보며
복수초, 처녀치마 볼 기회 놓친 것이

너무 아쉽다
다음 해 새봄을 기약하며
아쉬운 발길을 돌린다

_ 조규화

아련한 눈물로 사라져도 외

아무런 갈채 없어도
가야할 종말의 때 절로 알아
낡고 그을린 연어의 넋
애태운 몸부림 잊고 미련 없이
눈 뜬 새끼의 제물로 제 몸 바치는
마지막 자리

어버이 이름표 그저 좋아
정녕 대를 잇는 기쁨에 겨운 살뜰한 사랑 품고
기꺼이 먹이로 타들어가는
겨울
그 주검 흰그늘에 살얼음 깔리고
숭엄한 희생조차 아련한 눈물로 사라져도
별빛 치어들 생기어린 숨 고르며
은밀한 아우성

하늘망 안에서

고비마다 수만 번 그린 고향
노을 물든 그리움 끌고 거슬러 오르는
남대천 연어들

벽을 넘다가 뜰채에 떠올려도
급물살 벼랑 휘돌다가
비정한 손 뻗치는 축제마당
무시로 조이는 투망질 날아든 돌멩이 요리조리 용케 피해
설핏 스친 두려움 너머로 가쁜 숨 내뿜어도
쉽사리 거부할 수 없는 여로
오직 한 길

저토록 간절한 열망으로
저토록 처절한 몸짓으로
맹렬한 높이뛰기로 폭포 오르는
기적의 도약
실패 연연 않고 가슴속 잉걸불 지펴 질주한 연어 행렬 속에
누군가 보인다, 물샐틈없이 촘촘한 하늘망 안에서

섣부른 딴청 부리고 다소곳 순종하는
흰그림자 하나

꽃잎보다 고운

먹구름 켜켜이 썰어
그리 섧고 애절한 바램으로
초야 치룬 연어 가시버시
살랑인 꼬리부터 연붉은 눈망울까지
오랜 그리움 안고 더 큰 그리움으로
속눈썹에 불붙은 사랑가
오직 그대 처음처럼

몸 안의 열기 뿜는 숙연한
산란의 춤
자갈밭 모퉁이 빗살무늬 고랑에 기대어
어엿한 한 몫 기리니
뼛속까지 저린 절정 끝자락에
살가운 씨앗 잉태한 빛
넌지시 햇살 드리워
무너진 가슴에 꽃잎보다 고운
알

하냥 핥고 다짐한 뜨거운 약속 이룬
환희의 선물

치사랑 내리사랑

1.
잃어버린 것들 안타까워
꽝꽝 얼어붙은 설산 계류
한기 녹인 햇살이 이불 덮어 고이 키운
연어 치어떼 요람

살짝 눈 감아도
올올이 내리사랑
모정 하나로 사룬 촛불인양
하늘 손짓 메아리치는 햇살
숨어 우는 그리움 태우리라
영영 기릴 사모곡인 것을

2.
설렘만 부여안고
세월의 냇물 따라 성큼 자란
연어들

뛰어노는 나이테 무늬에 보석 닮은 별 수놓아
시린 숨결마다 미리내 말갛게 흐르는
남대천 옥류

좇아오는 저 어둠이 싫어
줄행랑치다가 우련 눈 뜨는
치사랑
참 아름다운 전설의
애기꽃, 꽃잎처럼 스러진 내리사랑
다솜의 분신 넘실거리는 애잔한 수면 음표들
영영 기억할 악보인 것을

사랑 하나로

어언 갯버들 실바람이
피아노 도레미 튕기는 여울
때로 젖무덤 영상 흐릿해지면
하현달 이지러진 고통의 빗금 흘리다
매우 섭섭한 눈빛 연어들

산자락 물굽이 유영하다가
실눈 붉게 뜰 때
오로지 사랑 하나로
꾸러기 쥐불놀이에 휘휘 실려가
빙글 돌아가는 마음의 물레방아

못다 한 인연의 연줄 풀면
어머니 그림자
물별 박혀 끝없이 흐르는
바람개비 눈으로 살포시 엿보는
탯줄의 기막힌 신비

황홀한 천륜…….

_ 조성권

목이 마르다 외

폭포수처럼 비가 쏟아지는 날
하늘을 보며
목이 마르다
마른 버즘이 필 때
바람으로 흩날리는 모래바람의 형상
각인되었던 사막처럼 살아냄도
다 쏟아 부어
패이도록 거친
메마른 흔적을 안고도
목이 마르다

바다로 내달린 시리도록 하얀 샘물
그림자를 쫓다
목이 마르다
눈물로 엉겨버린 뿌리끝의 착념처럼
곡괭이로 삽으로 흠집마저 삼켜버릴 손바닥만한 상채기를

끌어안고 살아내는
끈적한
이끼의 전설을 바라다보며
목이 마르다

눈내리는 봄

꽃잎이라 하자
방금 찍어 올려
붉디 붉어 신열처럼
흰빛 머금는
이내 가슴으로 뱉어내는
눈물의 흔적처럼

청개구리처럼 비오는 날
산에 올라
솟구쳐오르는 강물을 향하는

그래도 저 깊은 곳
보이지도 않을만큼 그 아래
그 무게속에서도
끓어올라 가쁜 숨을 토해내는
온통 하얗게 덮어 나아가는
활화산처럼

전설처럼
봄을 태운다

그래 지금
눈내리는 봄이다

아비의 노래 · 4

책상 모서리를 단단히 움켜쥔 스탠드가 어지러움을 견디고 있다

작은 유리병으로 갇힌 개운죽의 변명은
뿌리내림이다 상채기하나 숨기지 못하는
투명함속으로
위로 올리는 잎과 줄기의 숨소리는
갈무리된 매듭을 휘어잡고 잡을 것 없는 허공을 가르는
숨겨진 응어리다

단단히 막히고 갈무리된 줄기를 끝으로
안으로 안으로만 파고드는 개운죽의 노래는
물만 먹고도 치솟아 버텨내는 함성
음지의 해맑음으로 단단히 버텨내는 아우성
유리병의 전설을 무지로 부딪치는 함성
속살조차 내비치는 물컹한
유영의 꿈틀거림

밤새워 밝혀도 터지지 못하는 백열전구의 막막한 심장이 하얗게 타고 있다

달력을 넘기며

왼쪽이든 오른쪽이든
찢겨져 나간 흔적들이 안타까워
넘기기로 한 날 칸칸이 점으로 자수놓아졌던 기억들이
후두둑 추락을 거듭한다
매립지의 시큼한 냄새마냥 뒤돌아서도 진득히 배어나는
디디고 선 발밑의 꿈틀거림은 그치지 않는
철로의 한쪽 끝자락을 붙잡은 내일이다

어느새 시간을 칸칸이 쪼개놓고 도도한 시선에 슬그머니
또 다른 한쪽끝의 실타래를 쥐어준
빈손 그 어디에도 탁탁 종종발걸음으로 외쳤던 메아리는
먹물같던 밤을 하얗게 덧칠하던 무지개빛 포장마차의
국물의 후루룩 소리로 흘러내리고
이마끝에 얹혀진 칼날처럼 날카로운
새벽서리가
허전한 빈손을 채우는 어제인듯 하다

다시 책방에 앉아

중독의 다른 말이 마니아라면
책방은 마니아들의 서점이다 줄지어 세워진
책장사이 어디에도
답이 없는 목마름만 있다면
그림자를 간직치 못하는 구멍뚫린 열정이다

열정의 틈바구니를 비집고 앉아 냉큼
고개를 파묻는 습관은
숨결도 손길도
눈동자도 뺏기지 않으려는 보호본능
그 연체동물의 그림자로
슬며시 자리잡고 싶은 욕망이다

다시 책방에 앉아
마른버짐처럼 탁한 헛기침으로
중독의 마니아를 자처한다
거긴 책방이다 다시

_ 최혜순

붉은 장미 외

그해 유월은 혹독했다
백신을 맞지 않은 순수 때문에
지독한 열병을 앓아야했다

아직은 쑥맥 같은 열 여섯
가슴앓이는 용광로 같았다
연한 살갗을 뚫고
뿔 같은 소름이 돋아나
해열제 역할을 했다

하얀 열사의 무덤에
머리 들이밀고 치열하게
제 생의 개화를 위해 몸부림쳤다
기어이
보글보글 끓는 피톨 째
솟구쳐 올라 와
곱게 하트 모양을
펼쳐 들었다

나를 사랑하려거든
그대의 피를 바치세요
생명 같은 찐한 피를

장미의 가시는
죄가 아니다

코스모스 밭에서

그대 아시나요
매일매일 내 얼굴
그대 얼굴을 향해
웃고 있는 거

그대 기억하시나요
나의 365일
갖가지 색깔의
보석처럼 빛나던
내 사랑의 표정들

우리들의 사랑의 계절은
여름밤 꿈만큼이나 짧아
벌써 이별의 시간이
닥쳐 왔어요

그대 무심히 스쳐간다 해도
내 사랑의 표정들 무참히

쓸고 간다 해도
나는 변함없이
그대의 부드러운 볼에
입 맞추며
아쉬움을 달랠거예요
그대 모습 사라질 때 까지
손 저을 거예요

내 사랑
안녕

밤안개

밤이 되면
숲지대를 건너 저 멀리
산과 산의 검은 능선 사이에
아파트 군상의 하얀 껍데기가
신기루되어 떠 있다

자동차들은 뜻도 모른 채 줄을이어
쏜살 같이 달려 나가고
발이 없는 상점들은 눈에
핏발을 세우고
마지막 날 파리 한 마리
걸려들기를 눈 빠지게 기다리고 있다

천로역정의 험한 목구멍을 통과
엉성한 수풀에 당도해
속을 쓸어내리며 안도하는
철없는 참새 떼들
빨치산의 잔당처럼 숨어 있던

안개가 산에서 내려 와
몸을 구부려
품어 주고는

골짜기에 주저앉아
은밀하게 가스를 풀고 있다
하루밤 깊이 잠 재울 수 있는
새하얀 가스를

이밤을 안녕히

필리핀 애가

- 필리핀 단기 선교여행을 다녀와서

태평양 드넓은 바다 비단물결 위에
7100개의 다이아몬드로 장식한
아름다운 나라 필리핀

늘씬한 키에 싱그러운 미녀들이
넓은 치마폭을 출렁이며 춤추는
흥겨운 열대림

붉은 태양은
과수나무에 걸터앉아
부지런히 열매를 맺고 해풍은
따라다니며 땀을 닦아주네

도무지 이해 할 수 없는 일
수도 마닐라의 똔도 지역
산 같이 거대한
해 묵은 검은 쓰레기 더미
인생의 나락에 푯대를 꽂아 놓고

망아지처럼 뛰놀고 있는
아이들의 집단
그 검은 별밭

우리가 떠나오던 날
필리핀의 밤하늘은
애통하는 하나님의 마음인 듯
별 하나 비추이지 않는
깊은 어둠에 잠겨 있었다

오 주여 내가 어찌해야 하오리까

세월

눈도 없는 것이
발도 없는 것이
지름길만 골라잡아
앞질러서 가는구나

입도 없는 것이
마주앉으면
지나 온 발자국 호되게 꾸짖고

귀도 없는 것이
속 앓음 소리 어이 듣고
매일매일 가슴속 옹알이를
삭혀 주는구나

병 주며 약 주며
등 떠미는
얄미운 세월아
고갯마루 다다랐으니

이제 그만
쉬어 가면 안 되겠니

_ 홍대기

창밖에 핀 예쁜꽃 외

창밖에 핀
예쁜 꽃

그 눈빛에
온몸이 보글보글 끓어올라

마음을 우려낸
진국물을

꽃잎의 입술에
빨갛게 발라주고 싶다

창밖에핀
예쁜 꽃

그 꽃을
철조망 쳐놓은
마음속 깊은 곳에 심어놓고

마음속 깊은 골짜기에서 솟는
정수를 뿌려주고 싶다

꽃잎이
뚝뚝 떨어지던 날
신열과 발진으로
온몸에 돋아난 꽃잎

꿈속에서만 피고 지는
창밖에 핀 예쁜 꽃

꽃잎이 찍어놓는 자리에서
발짝소리 들려오네

님이 보고 싶다

내 안에 피었던
순결하고 향기로운 꽃이여

꽃잎이
뚝뚝 떨어지던 날부터
꽃잎은 눈물이 되어

꽃잎으로 엮어가는 긴 하루하루는
내 생명을 끌고 가는 긴 강물

내 가슴속 깊은 곳에는
뿌리 깊은 옹달샘이 있었나 보다

내 살과 뼈 속에 박혀있는
보고싶은 통증을
담배연기로 날려보내려 하는데

미처 쓰다듬어 주지 못했던

깊은 상처가 붉어 올라

그리운 님의 얼굴을
허공에 그려봐도

내 가슴에 빈 곳이 너무 많아
내 님이 보고싶다

아내의 새주소를 찾아서 태산을 오른다

뒤 돌아 보아주지 않는 것도 섭섭한데
재촉하는 반 거름으로 가신
아내가 밉다

아내의 하늘 새 주소는
어디쯤일까?

가슴에 태산 하나
그리움으로 서 있고
날이면 날마다 오르는 등정

태산 정상에 서면
아내가 살고있는 하늘에 닿을까

하늘 닿을 태산마루에 올라
보고파서 아내를 불러보네

봄 여름 가을 보내고

잎사귀마저 떨구어 낸
동네 한 복판에 서 있는 느티나무 한그루

하얀 꽃이라도 피워볼까
눈 오기만을 기다리고 있는 듯 한데

가지 가지마다 걸려드는
구름구름 잘라내며
버티고 서 있는 모습이

독침에 찔린
몽롱한 사슴 같다

테니스공

60을 훌쩍 넘어
라켓(raquette)을 잡으니

요놈의 공이
날 어린애인 줄 미리 알고
내 말을 안 듣는다

어른 애를 알아 채는
총명한 놈이다

회초리로 때리면
아픔만큼 도망가고

돌려 치면
돌린만큼 돌아가는
정직하고 순진한 놈

적과 대치하고 있는

평화로운 전선에선

총알이 되어
적진을 기웃거리다가

철조망에 걸려 쓰러지기도 하고
슬그머니 적진으로 기어 넘어 가기도 한다

쥐새끼보다도 더 약아빠졌지만
사람들은 모두 내 탓이요 한다

적의 상공에서는
햇볕에 숨어 레이더망을 피하가도 하고

변방에 떨어져
In이다 Out이다 어른들 싸움 붙여놓고
태연한놈

그래도 테니스공은
사람들 마음속을 뛰어다니며
행복한 꿈만 던져 준다

제4부 ‖ 시집평설

해체와 결합, 뿌리같음과 열매다름의 미학

- 동인시집 『조선시 제13집』을 바라보며

1. 전제

레토릭(rhetoric)이란 수사학으로 '그리스 · 로마에서 정치연설이나 법정에서의 변론에 효과를 올리기 위한 화법(話法)의 연구에서 기원한 학문'으로 정의할 수 있으며, 역사는 BC 5세기경으로 올라간다. 아테네에서 이러한 수사학의 지도를 담당한 사람들은 소피스트(sophist:그리스어로 賢人의 뜻)라 불리고, 시민생활에 있어서 계몽적 역할을 하였다. 그러나 현대의 수사학은 교육의 실제면에서 문장법에 가까운 의미로 작문법과 함께 고려되는 일이 많다. 또 한편으로는 철학적 문학비평의 입장에서 사유(思惟)와 표현을 함께 고찰하는 문체론적 연구가 종래의 수사학에 대신하고 있다. 즉, I.A.리처즈를 중심으로 한 미국의 신비평가(新批評家)들은 수사를 의미론에 입각하여 분석하고 문학과 언어의 본질적인 기능으로 본다. 그러므로 현대시의 모습에서 필요적 요소로 레토릭을 꼽는 것은 당연함일 것이다.

문학평론가 박진환 교수는 「시다운 시가 없다」(『조선문학』 2005년 1월호)는 글을 통해 '시가 그 양의 풍요에도 불구하고 시가 없다는 말을 들어야 하는 것은 시의 질에 문제가 있다는 것을 말해주는 것이 된다'라고 하면서 '시의 질, 그것은 시관이나 시법에 따라 그 기준을 각기 달리 설정할 수가 있을 것이다. 절대 빼놓을 수 없는 평가의 척도나 기준의 잣대가 될 수 있다는 점에서 시의 질을 설정하는 기준이 될 수 있을 것으로 본다'고 이야기 하고 있다. 그러면서 세가지 기준을 제시하였는데 '첫째는 뭐니뭐니해도 시의 형상화를 빼놓을 수 없을 것으로 본다. 둘째로는 아이러니가 있는 시여야 한다는 점이다. 셋째로는 시는 변용의 미학이어야 한다.'라는 것이다.

이러한 기준으로 시를 바라본다면 시는 아름다운 건축물로 보여질 것이며, 그 건축물은 하나의 구조적 예술품으로서의 가치적 역할을 충분히 수행해낸다고 할 수 있다. 즉 지나친 비약인지 모르지만 예술품과 건축물 등으로 명명되는 유형문화재의 가치는 구조적 가치뿐만 아니라 그 안에 내재된 시대적 가치와 철학과 정신을 함께 내재한다는 점에서 그러하다고 할 수 있다.

이런 점에서 同人의 활동을 하는 '무리'를 바라보는 시선은 구조물 안에 내재된 다양한 요소들의 결합이라고 일차적인 준거틀을 마련해 낼 수 있다. 그러나 그 요소요소들의 다양함과 용도의 상이성 그리고 보여짐의 다름은 바로 同人이라는 '무리'가 갖는 또 다른 모습일 수밖에 없음을 알 수 있다.

그럼 본격적으로 몇 가지 준거틀에 근거하여 동인시집과 그 안에 자리 잡은 시들을 바라보기로 하자.

2. 해체 - 뿌리같음

탐색의 첫 번째 발걸음은 해체로부터 시작된다. 여기서 이야기하는 해체란 사조로서의 해체주의[1]를 이야기하는 것은 아니다. 사전적 의미로서의 해체는 '흩어지거나 없어짐, 또는 헤치거나 없앰'이라는 의미이다. 그러므로 탐색의 한 방법으로서의 해

1) 해체 자체를 한마디로 정의 내리는 어떠한 행위도 데리다 같은 이들은 거절하고 있다. 해체주의를 모더니즘에 대한 반발 체계로 속박하며 해체주의를 포스트모더니즘과 동일 선상에 위치시켜 이해하는 데는 다소 어려움이 있다. 해체주의의 입장에서 포스트모더니즘은 모더니즘에 대한 이탈이라기보다 단지 일종의 대응 논리라는 성격으로 비추어진다. 반면에 해체 자체는 어떠한 대응 논리적 성격을 갖지 않으면서 모더니즘의 계획을 초월한다는 것이 데리다의 견해인데, 이는 그가 해체의 성격을 개념들과 카테고리들의 *반전 없는 치환*이라 부른 부분에서 명확히 드러난다. 그는 언급하길, "한 체계로부터 양 발로 뛰어오름으로써 그것을 단번에 뒤집고 도망치려는 어떠한 시도도 필연적으로 다시 그 체계로 되돌아 갈 것이다."라고 포스트 모던의 성격에 대해 문제를 제기하고 있다. 즉 포스트 모더니스트들이 자신들이 대응하고자 한 모더니즘의 패러다임과의 구별을 실제로 성취했는가의 문제를 제기하고 있다. 실제로 많은 해체주의자들은 자신들의 작업을 포스트 모더니스트들의 작업과 구별하고 있는데, 최근의 한 논의에서 츄미는 그의 작업을 '포스트 모던'으로서가 아니라 '포스트 휴머니즘'이라 구분하고 있다. 그것은 일종의 해체주의 내의 정치적 성향을 밝히고자 한 의도라고 생각된다. 그는 "포스트 휴머니스트 건축을 위해서 어떠한 포스트 모던 건축의 견해도 폐기하는 것이 가치 있을 지도 모른다."

체는 대상에 대한 철저한 파헤침 혹은 본질에의 접근이라고 할 수 있다. 물론 탐색의 방법이 해체라는 문제해결적 방법으로서만 가능하지는 않지만 모색, 주시, 조명 등등의 방법은 배제하기로 한다. 따라서 '동인'을 향한 탐색 첫 번째 발걸음의 해체는 '들여다보기'로서의 '분석'을 의미하는데 그러한 내밀한 탐구는 '근저의 같음' 즉 '뿌리같음'에 대한 역설적 탐구가 될 것이기 때문이다. 다시말해 새로운 시장르로서의 '풍시조'와 더불어 내면적 시형식으로 자리잡은 위트와 펀(fun)이 자리잡힌 근저로의 탐색을 이야기함이다.

시를 제시함으로 '동인'으로서의 뿌리같음을 확인해 보고자 한다.

임기내에 집없는 백성없게 하겠다는 나랏님 말씀 오! 樂園
반드시 그런 세상 만들겠다니 오! 오! 파라다이스
그리 안되면 嗚呼! 失樂園
- 박진환「오! 樂園 嗚呼! 失樂園」

늦은감 있으나 이제 다양한 민심 깨달았노라고
반드시 민심과 함께 가겠노라고 고개숙인 대통령
이젠 촛불끄고 어서 돌아오라는 가족들의 외침 안들리나
- 박경서「어서 돌아와」

벼도 익으면 고개를 숙이는데 높은 자리 앉으면 되레 목에 힘줘
어느 장관은 힘줄 모으고 욕까지 하데
아무리 바쁘셔도 들녘나들이 한번 하시지
- 박필경「벼도 익으면 고개를 숙이는데」

매일 매일 거울 닦으며
거울속 때를 말갛게 닦아낸다
마음과 함께 하루도 닦아 본다
- 박홍미「거울 닦듯이 마음 닦으며」

봄에 피는 꽃에서는 봄 향기가 아편 같네만
四季에 빛바랜 노인의 銀髮에선 소태네가 나네
인생이라고 다르랴, 피고 지는 것이 꽃만이 아닌 것을
- 한순자「꽃보다 짙은 향기」

할 말 다 하며 사는 사람 어디 있겠어
울컥울컥 솟구치다 목에 걸린 아우성은
몸으로 번져
울긋불긋 단풍 같은 비명되어
겨울 오기 전에 낙엽 질 거라는데
- 허영둘「필터」

아니 젊음은 허풍 아닌 아름다움인데
어찌 그리 냉정할 수 있느냐며 강제로 그 자리 빼앗았더니
주변의 승객들 박수 치며 즐거워한다
- 이재형「입석 양보받기-전철 타는 재미」

'나랏님 말씀'으로 시작된 시대상의 탐구는 '반드시 그런 세상 만들겠다니'하며 위트와 펀의 이중적 복선을 제시하면서 '그리 안되면 嗚呼! 失樂園'이라는 통징의 절정으로 치달아 새롭게 시도되고 작시되고 있는 '풍시조'의 모델을 제시하고 있다. 일견 풍시조가 사회비판시나 사회시 또는 민담 등의 이름으로 작시되었던 시들과 판이하게 다른 것은 형식으로 드러나는 모습도 상이한 부분이 있지만 더욱 중요한 것은 내용의 통렬함에 있

다 할 것이기 때문이다. 내용의 통렬함은 1차적 비판으로 넋두리되어 지는 것이 아닌 2차적 3차적 반향을 염두에 두고 내밀하게 파고들어 감으로써 의도된 비판의 상승적 시적 추구를 감행해 내기 때문일 것이다. 이는 '늦은감 있지만 이제 다양한 민심 깨달았노라고' 고백하기를 원한 시인의 진정성이 드러나며, '아무리 바빠도 들녘 나들이 한번 하시지'하는 지향을 추구하고 있다. 바로 뿌리같음은 생명 근원을 공급받는 뿌리의 정적 역할로 근거한 지향적 동적 이미지와 동적 운동력의 드러나기로 귀결되어야 하기 때문이다. '인생이라고 다르랴, 피고 지는 것이 꽃만이 아닌 것'이라는 '동인'들의 지향의 설정을 통해 '매일 매일 거울 닦'는 정성과 일상이기는 하지만 그 일상이 정말로 어제와는 다른 오늘과 내일로 향하고 있다는 점에서 그리고 '할 말 다 하며 사는 사람 어디 있겠어 / 울컥울컥 솟구치다 목에 걸린 아우성은 / 몸으로 번'지는 전염병 아니 바이러스처럼 그 세력을 확장할 때 '박수 치며 즐거워'하는 세대를 경험할 것이며, 그러한 수용과 욕구로 드러나는 갈급한 세대의 욕구를 충족시켜줄 것이기 때문이다. 결국 '동인'은 생명근원의 뿌리로부터 출발하는 그 뿌리같음 으로부터 출발되어진 지향으로서의 무한한 날개펴기가 될 때야 만이 해체 즉, 분열과 함께 가지로의 무한한 나눔을 시도하고 이루어 갈 수 있을 것이다.

3. 결합 - 열매다름

그럼에도 이렇게 뿌리로부터 공급된 영양분들은 가지와 잎

그리고 열매로 그 수용을 전이해 가면서 다양하면서도 흡사 유사한 유사적 진정성을 모색하게 되는데 그것 또한 시를 살펴보면서 만나기로 한다.

소곤소곤
속삭이며 흐르는
계곡물

샛강물이 되어

사랑과 미움이
넘실대는
바다로 가는 삶

- 고운석 「노을」

더덕구이 비빔밥 포만에 살짝궁
유황 온천수 몸 풀어 치장하고
아치형 석문 위봉 산성 이르러
태양빛 찬란한 삶 포문(砲門) 연다

- 김남순 「대둔산」

당신은 나를 기억하지
문득 새 한 마리 날아오르듯 떠오르고, 창밖
불을 켜지 않은 골목들은 갈피를 찾고 있다

대로의 차선들은 낡은 오선지
오늘도 어제처럼 꿈을 접고 스러지는 저녁
바람이 음표로 매달려 타종 소리로 울려 퍼지고 있다

- 김수린 「일몰 · 2」

어머니의 깊게 자국난 화인(火印)까지도
새살로 메워져간다

멀리 애둘러 온 어머니의 고향
허리춤 내려놓고 편안한 것이
살내린 무덤 속같이 아늑하다

그 곳에선 단단한 암흑도
생명의 혼불이 되어 꼬물 꼬물 피어오른다
- 김애리자 「어머니의 바다」

꽃잎이
뚝뚝 떨어지던 날부터
꽃잎은 눈물이 되어

꽃잎으로 엮어가는 긴 하루하루는
내 생명을 끌고 가는 긴 강물

내 가슴속 깊은 곳에는
뿌리 깊은 옹달샘이 있었나 보다
- 홍대기 「님이 보고 싶다」

'사랑과 미움이 / 넘실대는 / 바다로 가는 삶'을 발견할 때 또다른 지향 즉 결합에 대한 목표접근이 나타난다는 점에서 그 열매다름의 이미지는 형성될 것이다. '유황 온천수 몸 풀어 치장하고 / 오늘도 어제처럼 꿈을 접고 스러지는 저녁'에 이르러서야 '바람이 음표로 매달려 타종 소리로 울려 퍼지'는 소리를 들을 수 있는 귀결과 모여듬을 경험할 것이며, '살내린 무덤 속같이 아늑'한 태고 즉 뿌리에 대한 동경은 그러나 '꽃잎으로 엮어가는 긴 하루하루는 / 내 생명을 끌고 가는 긴 강물'로 다시한 번 내달릴 기운으로 승화될 것이기 때문이다.

그럼에도 이런 열매들은 다시한번 바람과 같은 외부적 조건들과의 부딪침 그리고 견뎌냄을 경험하게 된다. 왜냐하면 그때서야 열매의 수확이라는 온전함을 거두어 낼 수 있기 때문이다.

> 세상 한가운데를 단단히 받치던 중심을
> 놓아버린 것은
> 하늘로만 향하던 발길 내려
> 수평으로 난 마을길을 걸어보고 싶은 걸까
> 아니면
> 뿌리도 없는 저 버팀목에 기대고 싶어서 일까
>
> \- 허영둘 「느티나무」

> 나는 이 물속을 뛰어 노는 물고기라네
> 세월의 흐름에 유연하여 거칠 것 없고
> 나의 부드러우나 힘찬 날개짓을 보게
> 어떤 변화에도 주저하지 않으리라
>
> \- 노희영 「여기, 지금 이 시간에」

> 저토록 간절한 열망으로
> 저토록 처절한 몸짓으로
> 맹렬한 높이뛰기로 폭포 오르는
> 기적의 도약
> 실패 연연 않고 가슴속 잉걸불 지펴 질주한 연어 행렬 속에
> 누군가 보인다, 물샐틈없이 촘촘한 하늘망 안에서
>
> \- 조규화 「하늘망 안에서」

> 작은 유리병으로 갇힌 개운죽의 변명은

뿌리내림이다 상채기하나 숨기지 못하는
투명함속으로
위로 올리는 잎과 줄기의 숨소리는
갈무리된 매듭을 휘어잡고 잡을 것 없는 허공을 가르는
숨겨진 응어리다

- 조성권「아비의 노래 · 4」

아직은 쑥맥 같은 열 여섯
가슴앓이는 용광로 같았다
연한 살갗을 뚫고
뿔 같은 소름이 돋아나
해열제 역할을 했다

- 최혜순「붉은 장미」

'아니면 / 뿌리도 없는 저 버팀목에 기대고 싶어서 일까'라는 질문으로 출발할 때 '나의 부드러우나 힘찬 날개짓을 보게 / 어떤 변화에도 주저하지 않으리라'는 내달림은 결국 '저토록 간절한 열망으로 / 저토록 처절한 몸짓으로 / 맹렬한 높이뛰기로 폭포 오르는 / 기적의 도약'으로 승화 될 것이며 더 나아가 뿌리로부터 왔지만 다시 그 열매가 뿌리의 생명력으로 돌아설 수 있는 '뿌리내림이다 상채기하나 숨기지 못하는 / 투명함속으로'라는 지향으로 갈무리 되어갈 것이며, 더 나아가 '연한 살갗을 뚫고 / 뿔 같은 소름이 돋아나'는 '동인'들의 합력경험을 통해 열매다름의 처절함을 경험해 나갈 것이다.

4. 결론 –무리짓기와 홀로서기의 미학적 지향

다시한번 말하거니와 '동인'은 '같은 지향의 무리'이다. 그 지향의 꼭지점과 초점이 서로 다를지라도 그 해체와 결합의 끊임없는 반복과 거듭함을 통한 '함께함'은 결국 함께서기도 그리고 홀로서기도 가능케 할 것이다. 이것은 동인지 책 머리글에 표현한 것처럼 '그간 부침하는 동인들이 적지 않았지만 한 호도 걸름없이 꾸준히 땀의 경작에 참여해 온 15분의 땀의 결정들을 모았다. 그리고 『조선문학』이 텃밭이 되어 일군 『풍시조』도 함께 경작했다. 새로운 장르에의 참여이자 새로운 도전이며 새로운 출발이다'는 단언이 그것을 뒷받침 하기 때문이다.

동인들의 시작 형태가 아닌 생명력 있는 부딪침과 경쟁 그리고 끊임없는 경작과 결실에 대한 갈망 더 나아가 참여와 도전이 진정한 '동인'의 미학적 지향이 될 것임을 확신해 본다.

조선시문학회의 끝없는 지향을 바라며.

회 원 주 소 록

고운석 503-310 광주광역시 남구 주월동 1284-7
☎ 062) 675-0712 Ⓗ 011-632-6684

김남순 423-825 경기도 광명시 소하2동 903-2 산지교회
☎ 02) 899-2108 Ⓗ 017-263-0106

김수린 158-054 서울시 양천구 목4동944 대원칸타빌3차Ⓐ 301- 1301호
☎ 02)2652-4046 Ⓗ 016-9277-2870

김애리자 153-030 서울시 금천구 시흥동 관악우방Ⓐ 102-1401호
Ⓗ 010-8479-5275

노희영 432-724 경기 안양시 동안구 범계동 목련Ⓐ 507-607호
Ⓗ 011-9756-4156

박경서 153-019 서울시 금천구 독산본동 163-18 (상경섬유)
☎ 02) 855-6373 Ⓗ 016-855-6373

박필경 158-808 서울시 양천구 목2동 522-22
☎ 02) 896-4130 Ⓗ 010-7704-4130

박홍미 137-063 서울시 서초구 방배3동 1019-3 신구블레스베리Ⓐ 101-602
☎ 02) 582-9577 Ⓗ 011-721-9577

이재형 139-891 서울시 노원구 상계1동 은빛1단지Ⓐ 108-912
☎ 02) 932-2527 Ⓗ 016-741-1002

회 원 주 소 록

조규화 427-010 경기도 과천시 중앙동 주공아파트 1009-504
☎ 02) 507-1374 011-9131-5388

조성권 120-092 서울시 서대문구 홍제2동 96-4
☎ 02) 730-2255 Ⓗ 011-790-4168

최혜순 449-588 경기도 용인시 기흥읍 신갈리
새천년그린빌5단지 513-1601
☎ 031) 305-7561 Ⓗ 010-9495-7561

한순자 411-370 경기도 고양시 일산구 주엽동 문촌마을
삼익Ⓐ 402동 903호
☎ 031) 911-4488 Ⓗ 011-9775-1488

허영둘 138-838 서울시 송파구 삼전동 66-11 401호
Ⓗ 019-842-3397

홍대기 1411-320 경기도 고양시 일산구 탄현동 에이스10차Ⓐ 101-304
☎ 031) 914-3311 Ⓗ 016-266-3322

조선시 제13집

조선문학시인선 251

2008년 11월 15일 인쇄
2008년 11월 25일 발행

지은이 / 조선시문학회
발행인 / 박진환
펴낸곳 / 조선문학사
등록번호 / 1-2733
주소 · 110-092 서울 서대문구 홍제2동 96-4
대표전화 / 730-2255
팩스 / 723-9373

ISBN 978-89-93614-01-5

정가 7,000원